LETTRE

A M. LE VICOMTE

DE CHATEAUBRIAND

Les royalistes aux élections

DE 1837.

Tout pour la France et par la France.

Quotidienne.

Nous avons plus de force que de volonté, et c'est
souvent pour nous excuser à nous-mêmes que
nous nous imaginons que les choses sont impos-
sibles.

Maximes de Larochefoucauld.

PARIS. IMPRIMERIE DE G.-A. DENTU,
rue des Beaux-Arts, n°s 3 et 5.

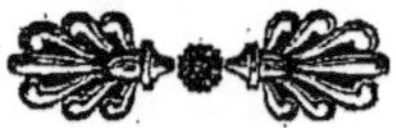

MONSIEUR LE VICOMTE,

Les colléges électoraux viennent d'être convoqués pour la troisième fois depuis 1830, et les questions soulevées à l'occasion de ces graves évènemens politiques n'ont pas fait un seul pas. En 1837 comme en 1830, le parti royaliste a été divisé en deux camps : d'un côté, l'on a vu les parlementaires qui acceptent, avec toutes réserves d'ailleurs, la position qui leur a été faite par la révolution, et, de l'autre, des hommes énergiques et consciencieux qui protestent contre l'abus de la force, et se retirent de la vie publique.

Dans les deux camps, ce sont les mêmes vœux, les mêmes espérances, la même religion, le même honneur : mais la vérité, où est-elle? Certes, ce ne sont point de vaines rivalités qui séparent les Berryer, les Fitz-James, les Brezé, les Larochejaquelein, les Doudeauville, de ceux qui pensent comme le comte de Kergorlay et vous, monsieur; c'est la conscience seule qui vous a tous dirigés dans des voies opposées. Suffit-il de signaler ce fait et de le constater, ou bien n'est-il pas plutôt à désirer que la question qui a élevé une barrière entre des hommes faits pour marcher de concert, soit suffisamment éclairée pour que l'un des deux partis fasse à l'autre le sacrifice de son opinion dans une vue d'intérêt général? Autant les adversaires des royalistes ont intérêt à maintenir et à perpétuer ces divisions, autant il importe aux royalistes d'y mettre un terme, puisqu'en paralysant leurs forces elles assurent le triomphe des ennemis de leurs principes.

Et d'abord le serment politique n'a-t-il point perdu, en réalité, tout caractère religieux par la profanation qu'en ont faite, depuis cinquante ans, les divers gouvernemens qui se sont succédés en France? Ce serment est-il autre chose que la reconnaissance obligée de la loi du plus fort? Enfin, dans l'état présent, quelles sont les conséquences du refus de serment et de l'ilotisme politique qu'il entraîne après lui? S'il était permis d'espérer que la conscience publique fît un jour justice de cette monstrueuse tyrannie, sans doute il conviendrait de s'abstenir, et de protester contre le mal ; mais, je vous le demande, cette espérance ne serait-elle pas une chimère, et vit-on jamais la tyrannie détruite par les tyrans au profit desquels elle a été établie ? Ce n'est donc pas des auteurs du mal qu'il faut attendre un remède au mal, et les opprimés n'ont de ressources à espérer que d'eux-mêmes en se coalisant.

L'égalité civile, l'unité territoriale et le régime représentatif semblent être aujourd'hui trois faits irrévocablement acquis, et avoir surnagé victorieusement sur les débris d'institutions tour à tour établies et renversées par les passions populaires. Le roi Louis XVIII pouvait sans doute, en 1814, continuer le régime absolu organisé par Napoléon, et auquel la légitimité apportait, pour le consolider, la seule force que ne pouvait lui donner le génie de son fondateur. Louis XVIII douta de sa puissance, et se crut obligé de chercher un appui dans des intérêts nouveaux. Confondant les vœux de l'armée avec les vœux de la France, il crut son trône entouré d'ennemis, et il opposa la liberté à la gloire. Du jour où la Charte fut octroyée, commencèrent des malentendus entre la couronne et le pays, qui s'aigrirent ou point d'aboutir à une révolution. Le roi regarda comme un droit la faculté de circonscrire et de retirer au besoin la concession qu'il avait faite ; et en se reportant au point du départ, on ne peut nier qu'il eût raison : le pays, au contraire, regarda la Charte comme une loi irrévocable, et réclama d'autant plus passionnément toutes les conséquences du système nouveau qu'elle introduisait,

que la couronne paraissait moins disposée à admettre
ces conséquences : de là des variations continuelles,
qui amenèrent la déconsidération et la désaffection
de l'autorité. Que penser, en effet, d'une autorité
tour à tour exercée par un Fouché et par l'infortuné
prince de Polignac? Quelle preuve plus grande d'ir-
résolution et de faiblesse! Quel texte pour les plus
absurdes calomnies! Vous êtes, monsieur, du petit
nombre des hommes dont la tâche constante fut de
démêler la vérité de l'erreur; mais votre tâche est
loin d'être accomplie.

L'illustre fondateur de la Charte et son vertueux
successeur ont été chacun plus d'une fois entraî-
nés au-delà du but, faute de s'être rendu compte
suffisamment du but qu'ils voulaient atteindre; et
le pays s'est aussi montré presque toujours exa-
géré, soit dans ses sympathies, soit dans ses répro-
bations : telle est la source de cette législation in-
cohérente et contradictoire émanée des Chambres
depuis 1815. La société subsiste, non pas en vertu
de ses lois, mais en dépit de ses lois. L'œuvre de la
réformation générale commencera et sera poursuivie
aux acclamations de la France, lorsque les hommes
qui représentent les saines doctrines sociales sortiront
de la retraite où ils se condamnent depuis sept années; il leur appartient de former une opposition
d'un caractère vraiment national, et dont la mission
sera d'organiser la société nouvelle. C'est à eux de
combattre les tendances anarchiques où le gouvernement est nécessairement entraîné par le vice de son ori-

gine ; et s'ils parviennent à relever et à raffermir certaines parties ébranlées ou détruites de l'édifice social, rien ne saurait s'opposer à l'accomplissement entier de leur généreuse entreprise.

La nuit du 3 août a proscrit en France tout ce qui était privilégié ; l'Assemblée qui prononça cette proscription dépassa en cette circonstance la limite du vrai, dans laquelle elle prétendait faire rentrer la société. Ainsi, lorsqu'il était juste de faire participer aux charges de l'État toutes les classes de citoyens sans distinction, il était absurde et mensonger d'établir qu'il n'existait en France qu'une seule classe de citoyens. Il n'aurait pas suffi d'une loi agraire pour abolir l'aristocratie, il eût fallu encore anéantir l'histoire du passé, et détruire les souvenirs glorieux des familles qu'on aurait voulu dépouiller. Il est si vrai que l'institution de la noblesse n'était pas en cause, que peu d'années après, le chef du gouvernement révolutionnaire rétablit la noblesse sans éprouver la moindre opposition. Que l'on n'aille pas objecter que Napoléon rétablit la noblesse sur un principe entièrement nouveau : depuis l'année 1270, les rois de France avaient brisé la barrière qui séparait la noblesse du tiers - état, en appelant dans son sein les hommes nouveaux qui avaient bien mérité de la patrie. N'avons - nous pas vu, sous la restauration, le libéralisme lui - même prendre fait et cause pour les titres qu'une puissance étrangère s'était avisée de contester aux illustrations de l'empire ? C'est que dans une monarchie, et même dans une république, non seulement il est juste, mais encore il est utile de perpétuer dans les familles la mémoire des services rendus à l'Etat; on établit ainsi entre tous ses membres une solidarité d'honneur et une émulation qui profitent à la chose publique. Qui oserait dire que les vainqueurs de Rivoli, de Wagram, de Valmy et de la Moskowa, ont usurpé leurs titres de gloire? Qui aurait osé contester les mêmes honneurs aux vainqueurs d'Alger, de Constantine?

Des publicistes s'évertuent, depuis quelques années, à prêcher le rétablissement des provinces; et il est singulier que les hommes qui attaquent le plus vivement la centralisation, soient les mêmes qui l'ont défendue avec le plus d'énergie sous le ministère de la restauration qui l'a définitivement constituée. L'expérience a sans doute changé leurs opinions à cet égard, et ils sont aujourd'hui de bonne foi comme ils l'étaient alors; mais c'est une raison pour examiner avec plus d'intérêt la valeur de ces doctrines si diverses. Et d'abord, la nouvelle division territoriale de la France est-elle un de ces faits qui ont rencontré jamais une sérieuse opposition? Au contraire, ce fait était tellement commandé par l'opinion, qu'il s'est établi de lui-même et sans aucun effort. Les différentes réunions des provinces à la couronne étaient déjà si anciennes; il y avait en outre tant d'homogénéité entre elles, que leur incorporation réelle était achevée long-temps avant qu'aucune disposition législative l'eût consacrée. En 89, il n'existait déjà plus d'intérêt distinct entre le Normand, le Bourguignon, le Breton, le Dauphinois; toutes ces dénominations différentes avaient disparu sous le titre générique de *Français* : aujourd'hui, plus que jamais, ce serait un non-sens de rétablir des noms qui sembleraient indiquer des intérêts distincts qui n'existent pas. Dans ses luttes contre l'Europe entière, la France a dû son salut et la victoire à cette puissante force de cohésion. Grâces à elle, il lui sera toujours permis d'interdire aux étrangers toute intervention dans ses affaires intérieures. Briser ce faisceau compact, serait porter la plus grave atteinte à la puissance nationale, et la déshériter peut-être de l'influence naturelle et légitime qu'elle est appelée à exercer sur l'avenir de l'Europe. Il faut observer enfin que, depuis l'établissement du régime constitutionnel en France, le partage de la souveraineté entre trois pouvoirs amènerait un affaiblissement déplorable de l'autorité, si elle n'était pas d'ailleurs soutenue par une forte centralisation.

Est-ce à dire qu'il y ait un vice fondamental dans la division de la souveraineté entre trois pouvoirs? Cette proposition ne serait pas plus exacte peut-être que de présenter cette division de la souveraineté comme le chef-d'œuvre de l'esprit humain.

Les formes diverses de gouvernement sont bonnes ou mauvaises, selon le génie, les habitudes et les préjugés des peuples auxquels on les applique. L'état social de la France, au moment où s'est établi chez elle le régime représentatif, ne rendait pas, je crois, nécessaire cette innovation ; vingt années l'ont fait passer dans nos mœurs, et aujourd'hui c'est le vœu et le besoin du pays. Quelle direction donner, en effet, à une foule d'esprits spéculatifs qui se sont formés par l'usage des discussions publiques? Comment satisfaire toutes ces ambitions qui ont aujourd'hui une lice ouverte devant elles, où le talent est assuré de trouver la place qui lui est due? La presse et la tribune sont ouvertes à quiconque ose s'y présenter, et consomment autant d'activité et de force que pouvaient le faire les guerres de l'empire. Il s'agit donc de régler et de diriger ce mouvement des esprits, au lieu de vouloir en arrêter l'essor; la tâche des gouvernemens consiste plutôt à comprendre et à suivre l'opinion, qu'à s'en rendre l'arbitre.

Les royalistes parlementaires, dont vous sépare aujourd'hui la seule question du serment, acceptent ces faits comme accomplis. Ils ont pris position dans les colléges électoraux, dans la presse et dans les Chambres. *La Quotidienne,* par l'organe de son vénérable fondateur, M. Michaud, a invité ses amis à se rendre aux élections. L'illustre orateur de la France, M. Berryer, a planté courageusement son drapeau sans tache à la tribune nationale, où il n'a jamais manqué à ses amis ni à ses ennemis. Mais que peuvent leurs efforts isolés contre la multitude de leurs adversaires? Comment le cœur ne leur faillirait-il point, s'ils sont abandonnés de leurs plus puissans auxiliaires? Vous, monsieur, dont la parole et la plume sont des puissances, comment vous séparez-vous de vos amis au plus fort de la mêlée? Ne vous souvient-il plus de la part glorieuse que vous avez prise au rétablissement du trône et de l'autel, et des engagemens sacrés que vous avez contractés sur un tombeau? Vous dont le cœur est si français, ne gémissez-vous pas de tous les maux qui s'apprêtent pour votre patrie? La guerre civile et la guerre étrangère sont à nos portes, et vous vous condamnez au silence et à l'inaction! Un homme tel que vous ne s'appartient pas, monsieur; il doit compte à son pays, dont il est la gloire, de tous les instans de son existence. Avez-vous désespéré de la France, et imiterez-vous Caton d'Utique, qui, pour n'avoir pas voulu survivre à la liberté de sa patrie, déserta la patrie et la liberté?

Nous sommes dévorés par deux plaies mortelles, la division et la jalousie! Que sont devenus depuis 1830 tous les hommes marquans de la restauration? La plupart sont fidèles à leur passé; la plupart vivent, et nul d'entre eux ne manifeste son existence par des actes politiques. Croyez-vous que si tous avaient montré la même résolution que les Fitz-James, les Brezé, les Noailles, les Berryer, notre situation politique n'eût pas été améliorée? N'est-ce pas là un rôle plus digne d'eux que de céder aux clameurs des journaux, et de s'ensevelir par le silence et l'inaction dans une tombe anticipée? Il n'est, hélas! que trop vrai, aucune illustration, aucun dévouement n'ont été respectés par les calomnies de la haine et de l'envie! Convient-il donc de donner gain de cause à ces viles passions?

Les royalistes ont reparu à deux reprises sur la

sions doivent jeter dans le cœur des exilés. Qui pourrait résister à l'idée d'apporter un soulagement à d'aussi augustes infortunes? Aucun sacrifice serait-il payé trop chèrement à ce prix? Ces considérations vous toucheront plus qu'aucun autre, monsieur; car si vous n'avez jamais brigué les faveurs des cours, vous avez toujours été le fidèle courtisan du malheur. C'est vous qui le premier avez chanté les infortunes de Marie-Therèse, que vous avez appelée, à juste titre, *une des gloires de la France!* Vous connaissez l'ineffable bonté de l'auguste fils de Charles X. Vous savez, enfin, que le royal orphelin dont la naissance avait été accueillie parmi nous comme un bienfait divin, a reçu du Ciel les dons les plus heureux. Placé sur un trône il en eût fait l'ornement; dans l'exil il sera plus grand que son adversité. Henri de Bourbon imprime le respect et l'amour à tous ceux qui l'approchent; sa figure est aussi belle que son âme, dont l'exquise sensibilité se révèle à chaque instant dans ses paroles; son regard annonce la pénétration, la douceur et le courage; son air est à la fois digne et affable. Doué d'une mémoire incroyable, il possède en même temps un tact et un jugement sûrs, avec la confiance de lui-même et la fermeté des idées que ces qualités entraînent d'ordinaire avec elles. Confiée aux soins du vénérable évêque d'Hermopolis, son instruction générale est fort étendue, et ses études militaires, pour lesquelles il a un goût et une aptitude particulièrement remarquables, ont été poussées à un degré qui étonne tous les généraux qui assistent à ses examens. Enfin, si la couronne qui lui paraissait destinée lui est refusée par le destin, il paraîtra toujours digne de cette couronne, et il restera un prince accompli et le premier gentil-homme de l'Europe !

Veuillez agréer, Monsieur le Vicomte,

l'hommage des sentimens de respect et d'admiration

avec lesquels j'ai l'honneur d'être

Votre très-humble et obéissant serviteur,

Le baron Gustave DE ROMAND.